C'était un de ces étés chauds et humides. Depuis quelques jours, au zoo Amuzanzoo, les animaux devenaient de plus en plus bizarres. Les éléphants avaient la trompe en forme de serpent et les chimpanzés avaient le nez en forme de fusée. Les zèbres avaient des zigzags à la place des rayures, ce qui leur donnait une drôle d'allure. Et c'est sans parler des flamants roses qui étaient devenus brun foncé, comme s'ils s'étaient fait bronzer au soleil!

1

Un beau matin, monsieur Zazou, le propriétaire du zoo, constata même avec surprise que ses gazelles avaient des ailes. Il se demanda alors ce qui pouvait bien se passer chaque nuit pour que, le matin venu, ses animaux soient si bizarres. «Comment pourrais-je prendre celui qui dans mon zoo s'amuse à faire toutes ces bêtises?» pensa-t-il.

Dans son bureau, assis sur sa chaise, monsieur Zazou réfléchit pendant quinze minutes et il eut soudain une merveilleuse idée!

Aujourd'hui, à onze heures, le zoo allait accueillir un nouveau zèbre. «Ce soir, je me déguiserai et me cacherai parmi les zèbres», dit monsieur Zazou. Les heures passèrent puis, à la fermeture du zoo, monsieur Zazou rentra à la maison.

Il passa la tondeuse, repassa ses chemises en écoutant de la musique, regarda la télévision, puis il enfila son déguisement de zèbre. La nuit tombée, alors que les étoiles luisaient dans le ciel, il alla rejoindre les douze zèbres qui broutaient du gazon en guise de dernière collation.

Après avoir passé plusieurs heures aux aguets, épuisé, monsieur Zazou s'endormit. Alors que le soleil se levait à l'horizon et que les oiseaux se mettaient à gazouiller, il se réveilla et s'exclama: «Zut, zut, zut! je me suis endormi et je n'ai pu prendre par surprise celui qui dans mon zoo s'amuse à faire toutes ces bêtises.»

«Tant pis! ajouta-t-il, aujourd'hui, à onze heures, le zoo reçoit un nouveau flamant rose. Ce soir, je me déguiserai et me cacherai parmi ces grands oiseaux.»

Les heures passèrent puis, à la fermeture du zoo, monsieur Zazou rentra à la maison. Il nourrit son lézard, cuisina de la pizza et de la lasagne, borda ses enfants et leur donna un bisou.

Puis, il enfila son déguisement de flamant rose. La nuit tombée, alors que les étoiles luisaient dans le ciel, il alla rejoindre les treize flamants, dont certains mangeaient des insectes pendant que d'autres se reposaient déjà la tête sous une aile.

Après avoir passé plusieurs heures aux aguets, épuisé, monsieur Zazou s'endormit. Alors que le soleil se levait à l'horizon et que les oiseaux se mettaient à gazouiller, il se réveilla et s'exclama: «Zut, zut, zut! je me suis encore endormi et je n'ai pu prendre par surprise celui qui dans mon zoo s'amuse à faire toutes ces bêtises.»

«Tant pis! ajouta-t-il, aujourd'hui, à onze heures, le zoo reçoit un nouveau chimpanzé. Ce soir, je me déguiserai et me cacherai parmi les chimpanzés.»

pit pit pit   pit pit

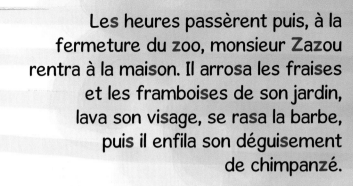

Les heures passèrent puis, à la
fermeture du zoo, monsieur Zazou
rentra à la maison. Il arrosa les fraises
et les framboises de son jardin,
lava son visage, se rasa la barbe,
puis il enfila son déguisement
de chimpanzé.

La nuit tombée, alors que les étoiles luisaient
dans le ciel, il alla rejoindre les quatorze chimpanzés
qui écrasaient des cerises pour en retirer les noyaux avant de les avaler.

Après avoir passé plusieurs heures aux aguets, épuisé, monsieur Zazou se mit à somnoler. Il regarda alors le chimpanzé assis à ses côtés et osa lui demander: «Chimpanzé, dès que j'aurai les yeux fermés, pourrais-tu me chatouiller le bout des orteils afin que je me réveille?»

Grâce à l'aide précieuse de l'animal, monsieur Zazou resta éveillé. C'est alors que, dans la noirceur de la nuit, il vit apparaître à travers les arbres un étrange nuage grisâtre.

Au même instant, monsieur Zazou entendit: «Zzzzzzz...»
Il réalisa que le nuage grisâtre était une nuée d'abeilles
ensorceleuses qui chaque nuit venaient par dizaines piquer
et transformer les animaux de son zoo avec leur
dard empoisonné.

Alors que le soleil se levait à l'horizon et
que les oiseaux se mettaient à gazouiller,
monsieur Zazou se dit qu'il lui fallait
absolument trouver la ruche de ces
affreuses abeilles afin de s'en débarrasser.

Monsieur Zazou chercha partout dans son zoo: dans la cage des autruches, des otaries, des ours... Puis, il regarda dans les maisons, dans les magasins et même dans les écoles des alentours.

Après plusieurs heures de recherche, il trouva enfin la ruche des abeilles dans un petit boisé non loin du zoo. Alors qu'il s'apprêtait à la décrocher afin de l'apporter très loin dans la forêt, il vit des dizaines de visiteurs se bousculer à la porte de son zoo.

Il entendit quelques-uns des visiteurs jaser entre eux : « Je n'ai jamais visité un zoo aussi amusant ! » dit l'un d'eux. « Dans aucun autre zoo, nous ne pouvons observer des animaux aussi bizarres », ajouta un autre. En les écoutant, monsieur Zazou rebroussa chemin, car il comprit que les abeilles ensorceleuses rendraient son zoo célèbre.

Au fil des jours, les visiteurs se firent de plus en plus nombreux. C'est ainsi que le zoo Amuzanzoo devint le zoo le plus amusant et le plus visité du monde entier !